DISCOVRS

SVR LA MORT
DE HENRY LE GRAND.

Par IACQVES DE LA FONS, *Lieutenant de robbe longue en l'Election de Mire-beau en Anjou.*

A MONSEIGNEVR DE SOVVRAY.

Seconde edition reueüe par l'Autheur.

A PARIS,

Chez CLAVDE MOREL, ruë sainct Iacques, à la Fontaine.

M. DC. X.

Auec Priuilege de sa Maiesté.

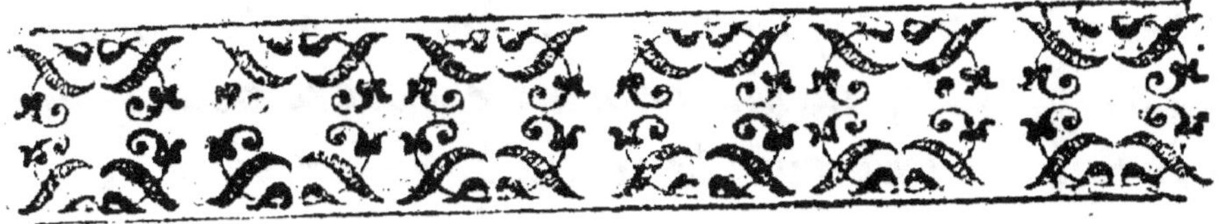

A MONSEIGNEVR

DE SOVVRAY, MARQVIS
de Courtenuaux, Cheualier des ordres
du Roy, son Gouuerneur & Lieutenant
general en Touraine.

ONSEIGNEVR,
Comme les ames plus grandes & plus fortes, sentent moins vne affliction particuliere, aussi sont elles plus trauaillees quand la douleur est publique, cette capacité ne seruant pour lors, qu'à leur representer mille symptomes, qui sont comme vne grande armee: les petits la regardent & se cachent, mais les grands la recognoissent prudemment, & l'affrontent, afin de preuenir ses desseins, ou la combattre, si dés-ia elle tient la campagne. Vostre ame si grande que nostre HENRY la choisit seule pour estre la premiere guide de son DAVPHIN, n'a peu qu'elle n'ait senty vn grand excez, tantost pasmee ad fata Æneæ pour reuiure incontinent, ad curam Ascanij: car nous vismes

tout à l'heure s'esleuer la pouſſiere de mille & mille morts, qui déſ-ia marchoient en ordre pour ruiner cet Eſtat, l'ambition, la perfidie, & l'impieté voulu-rent mettre la trompette à la bouche, la reuolte & la diuiſion furent en propos de ſe declarer, mais com-me elles virent les Princes & les premiers Officiers de la Couronne, étroittement liez pour le ſeruice de leur Roy, ne faire tous qu'vn corps & vne ame, & ne reſpirer autre choſe que le bien public, s'eſton-nant qu'vn ſi grand edifice feuſt tombé ſans rien ti-rer apres ſoy, elles iugerent que le doigt de Dieu eſtoit auec nous, & ſe perdant comme foibles vapeurs aux rayons du Soleil, nous ſommes demeurez en paix ſoux la main d'vn Roy duquel nous ne pou-uons eſperer autre choſe que ce que les Grecs eſpe-roient des deſcendants d'Hercules, meſme d'auanta-ge pour l'heureuſe education de vous ſon Phœnix, laquelle ne ſe ſeparant iamais de ſon bon naturel, le rendra auſſi auguſte en ſon regne, que pieux, iuſte & prudent en toutes ſes actions, la France vous en a beaucoup d'obligation, quant à moy ie vous en rends ce petit diſcours, comme vne cedule que ie re-cognoiſtray touſiours pour demeurer,

MONSEIGNEVR,

Voſtre treſ-humble, & treſ-affectioné ſeruiteur,

IACQVES DE LA FONS.

DISCOVRS
SVR LA MORT DE
HENRY LE GRAND.

E grand Monarque, cet Hercule François, le reſtaurateur de noſtre liberté, la gloire des armes, le ſouſtien des vertus, le Phare que nous regardions parmy nos tempeſtes, l'Atlas de noſtre Ciel tõbant, la terreur de ſes ennemis, le pere de ſon peuple, l'arbitre de la Chreſtienté, & la merueille du monde,

Quo nihil maius, meliusve terris
Fata donauere, bonique diui,
Nec dabunt, quamuis redeant in aurum
Tempora priscum.

Celuy, *cuius auspiciis oppreſſa Gallorum libertas tandem reſpirauit, tandem expirauit,* Il

est mort, & à nos despens s'est acquitté à la
nature: le dernier de ses souspirs est le premier des nostres, nous ne sommes plus
sensibles qu'à la douleur, qui s'explique
bien mieux par nos yeux que par nostre
bouche: nostre amour priué de son obiect
plus cher, ne s'est reserué que des desirs
& des regrets.

Ah! c'est nous qui sommes morts, la
mort ordinaire est vn petit feu de paille
qui ne fait que passer, & qui a beaucoup
plus de fumee que d'ardeur, mais cette ex-
cessiue douleur de l'esprit, que les Hebreux
appellent mort, c'est vn feu de geneure,
qui brusle fort, dure longuement & non
plus que l'ebene n'a point de fumee, &
c'est cette mort que la memoire d'vn si
grand Roy entretient & retient perpe-
tuelle dans le sein de tous les vrays François.

Auiourd'huy, *Implenit cursum suum,
fidem seruauit, fruitur corona iustitiæ, sequi-
turque agnum quocumq; vadit*, Il est au port,
en la famille des Anges, & nous sommes
parmy les flots, attendant ce dernier choc,
qui nous doit broyer en cendres,

—Decima ruat impetus undæ.

Ie dy cette douce mort, qui seule nous fait bréche pour entrer dans le Ciel.

Mon Prince : c'est la verité que ie ne vous plains pas, ce seroit porter enuie à vostre felicité, mais seulement ceux qui vous suruiuent : il faut tousiours mourir vne fois, & ne pouuiez mourir auecq plus de gloire, les grands Monarques sont reseruez aux poisons, à la perfidie, & à l'assassinat; Ainsi mourut Achille, ainsi Alexandre, ainsi Cesar, ils ont en mourant emporté tant d'honneur qu'ils n'en ont point laissé à leurs ennemis.

Celuy qui ne marchoit que sur les trophees, à qui tous les champs de bataille estoient champs de victoire, qui estoit cóme faé contre tous les perils des armes, qui de son seul nom épouuentoit ses ennemis, ne pouuoit mourir que par vn traistre. Il portoit en la main le foudre, & en l'œil les esclairs, abordant ses ennemis: mais vn amour paternel changeoit tous ses traits en attraits, pour se communiquer à son peuple, donnant autant de liberté à tous les siens qu'il s'en retenoit : par cette faci-

lité il nous auoit tous gaignez & nous l'a-
uons perdu : Commét regneront les Rois,
si leur bõté est cause de leur mort, ô crime!
qui pour son enormité n'a point encores
de nom, qu'vn François ait tué son Roy,
son Roy (dis-ie) qui luy auoit osté les fers
d'Espagne, & qui auparauant l'auoit re-
tiré du gibet, ce n'est point vn parricide,
c'est cet autre crime que le Iurisconsulte
ne peut nommer, *Sed & alius mihi deteriora*
fecit.

Miserable assassinateur, il t'estoit fort
aisé de le frapper, il ne se gardoit qu'en la
foy que nous luy deuions,

Il a pensé qu'vn Roy digne de sa Coronne,
Plus il se communique, & moins il s'aban-
donne.

Il t'estoit fort aisé de le tuer, car estant tout
cœur, en quelque part que tu l'eusses frappé, c'estoit tousiours au cœur: aussi que ce
grand Prince ayant si peu de mortel en
soy, le moindre petit effort rompoit la
trame qui le retenoit icy bas, & son ame
desireuse de reioindre son principe, ne
pouuoit trouuer si peu d'ouuerture à sa
prison, qu'elle ne sortit incontinent.

A quels

A quels termes sommes nous reduits!
nos Rois ne mourront-ils plus que par
nos mains.

O Marcomäs l'horreur des Arctiques riuages!
O Quades inhumains! ô Sarmates sauuages!
Ie vous iuge à ce coup, & mille & mille fois,
Et mille fois encor meilleurs que nos François.

N'est-ce point vne fatalité qui porte non
seulement les coronnes, mais encores les
humeurs de prouinces en prouinces, *rebus*
cunctis inest quidam velut orbis, vt quemad-
modum temporum vices ita morum vertantur.
N'est-ce point ce que dit Dauid. *Posuit*
Deus flumina in desertum, & exitus aquarum
in sitim, terram fructiferam in salsuginem à
malitia habitantium in ea. Ah! ma France!
nény, ie voy trop de regrets sur la mort de
nostre Prince, la France s'arrache les cheueux,& se dechire le visage, d'auoir esleué
ce vipere,& moy ie me repents d'auoir mal
pensé de ma France, elle se represente de-
uant moy, toute écheuelee & pleurant le
sang me semble dire, ma misere & ma
perte ne vous contentent elle point, sans
accroistre ma peine par le reproche d'a-
uoir produit ce miserable,c'est sur les riues

de l'enfer qu'il fut engédré, où les diables
me l'osterent dés le berçeau, pour en faire
l'instrumét plus detestable de toutes leurs
Furies, ô que le mal est bien plus aisé à
faire qu'à empescher. N'auois-ie pas fait
aduertir le Roy que le quatorzieme de
May luy estoit fatal?

Helas! c'est la verité que les astres qui
luy auoient esté si heureux l'en auoient
aduerty, mais luy qui iamais ne logea d'ap-
prehension ny de crainte en son sein, prié
de se conseruer ce iour là, & ne sortir point
du Louure,

Si bene quid de te merui, fuit aut tibi quicquã
Dulce meum.

Gardez vous auiourd'huy seulemét, ou me
croyez, ou croyez Esaie, *Intra in cubicula*
tua, claude ostia tua super te, abscondere modicũ
ad momentum, donec pertranseat indignatio.

Sin periturus abis, & nos rape in omnis
tecum.

Non non (dit-il) le cœur des Rois est
en la main de Dieu, si Dieu veut que ie
meure qui me peut garder.

—Tantum ne aliquis sibi posse videtur,
Fata quoque vt saperet?

Vous arreſtez vous à des Aſtrologues, & à
ces augures,

--Qui linguam auium intellegunt
Plusq; ex alieno iecore ſapiunt, quàm ex ſuo?
Il pleut où Dieu veut , il n'y a point de
precautions contre ſes ordonnances , fài-
ſons tout ce que nous voudrons,

Fata viam inuenient
O parolles dignes d'vn grand cœur ! &
toutesfois afin de ſe preparer à receuoir le
commandement de Dieu, dés le matin il
fait ſon oraiſon , entre trois fois en ſon cabinet pour prier l'Eternelle Majeſté de le
prendre en ſa protection, qu'il ne vouloit
autres gardes que ſa miſericorde & ſa cle-
mence, que voiõtiers il s'offroit à la mort,
pourueu que ce feuſt en la grace de celuy
qui eſtoit mort pour ſon Egliſe,de laquelle il auoit l'honneur d'eſtre le fils aiſné.

Il eſt iuſques à trois heures en ſa chambre,mais lors il veut ſortir, defend expreſ-
ſément à ſes gardes de le ſuiure,& auec vn
œil ouuert ſembloit dire aux Seigneurs,
que ce preſage auoit eſtonnez, *Lætatus ſum*
in his quæ dicta ſunt mihi , in domum domini
ibimus.

Il est bien vray, *quæ fato manent, quamuis significata non vitantur,* lors qu'on demeure en la seule volonté de resister aux destins,

> *---multi ad fatum*
> *Venere suum, dum fata timent.*

Mais il y a des moyens de diuertir le iugement de mort que Dieu mesme à prononcé contre nous, c'est ce que dit S. Iean Chrysost. Dieu predit les choses qu'il veut faire, afin de ne faire pas les choses qu'il predit: le Prophete auoit dit à Ezechias qu'il mourroit le lendemain, & il ne mourut pas: Ionas auoit dit que dans quarante iours Niniue seroit subuertie, & elle ne le fut pas, il faut recercher les causes de l'ire de Dieu, & les oster, causes qui ne sont pas seulemét aux Roys, mais aux peuples, les Roys ne sont pas seulement chastiez pour les crimes cõmis, mais encores pour les crimes permis,

> *De nos iniquitez nous vous rĕdons cõptable,*
> *De nos iniquitez nous vous rĕdons coupable.*

Quelquefois nous mourons en l'ire de Dieu, quelquefois en sa faueur, nous estimons souuent punition, ce qui ne l'est point, nous ne voyons les choses qu'en

leur inſtant, la cauſe & la fin nous en ſont
cachees. Anaſtaſe qui ſupportoit l'hereſie
des Eutychetes, eſt frappé du foudre. Si-
mon Stilite, hôme iuſte, en eſt auſſi frappé. Le foudre tombant en la chambre du
Roy François premier, preſagea nos mal-
heurs en Italie. Le meſme foudre qui tô-
ba ſur le chaſteau S. Ange, en l'annee 1571.
preſagea noſtre victoire de Lepante, vous
voyez qu'vne meſme choſe ſignifie le
bien & le mal, auſſi ne pouuons nous dire
ſi la mort qui nous ſurprend eſt vn ſigne
de faueur ou de fureur: le iuſte Abel eſt
tué par Cain, mais non pas en l'ire de
Dieu, S. Loys eſt frappé de Dieu meſmes,
& mourut de contagion, combattât pour
le nom de Ieſus-Chriſt, qui voudroit dire
que Dieu en ſon ire nous l'auroit oſté, ce
ſont effects dont les cauſes nous ſont oc-
cultes, & pouuons ſeulement reſoudre,
que tout ce que Dieu fait, il le fait bien, il
tire le miel de la roche, & l'huile de la
pierre dure, la cauſe & la fin n'en eſt co-
gnuë que par cet Ange qui eſt appellé en
l'eſcriture, *magni conſilij angelus*, Dieu ha-
bite vne lumiere inacceſſible, il nous a oſté

vn Roy que nous aymions, pource qu'il l'aymoit.

Les Theologiens tiennent que nous auons chacun noftre Ange gardien, mais que les Roys ont des Anges du premier ordre: Helas! il n'en failloit cercher autre preuue qu'en la perfonne de noftre HENRY, les grandes victoires auec peu d'hommes, les entreprifes fur fa perfonne, & fur fon Eftat fi heureufement defcouuertes, môftrent bien que fon cœur eftoit en la protection de Dieu, & fa vie en la protection d'vn grand Ange, mais pour nos pechez D.eu le retira, & cet Ange pour dernier office reçeut l'ame de ce bon Prince au mefme inftant que l'affaffinateur l'eut frappé, *Illum dixiffes non emori fed emigrare, & mutare amicos non relinquere, abijt non obijt, difceffit, non deceffit.*

Helas! que c'eft peu de chofe de l'hôme! & que l'Efpagnol à bié raifon de l'appeller ombre, & Pindare encore mieux, le fonge d'vne ombre, qu'à propos dis-ie, Vliffe s'appelle en Homere ἴδις. *Homo putredo & filius hominis vermis*, difoit Iob, qu'il eft bien vray que de deux iournees l'vne

eſt mere, & l'autre eſt maratre: mais plus-
toſt que chaque mere à mille maratres à
ſa ſuitte, tout plaiſir ne fait que paſſer, & la
douleur demeure: l'vn & l'autre ont des
aiſles, mais la douleur eſtant arriuee, elle
s'arrache toutes les plumes, pour ſe repo-
ſer, le plaiſir ne ſe repoſe point, il paſſe ſeulement.

O changement eſtrange! d'vne extre-
mité nous tombons en l'autre, & comme
du feſte des felicitez, dans vn abyſme de
maux, ô vanité! ô inconſtance! ô trom-
peuſe fortune! *quæ nobis rides vt non rideas,*
le Ieudy on dreſſe les pompes ſolennelles
du Couronnement de la Royne, le Ven-
dredy on dreſſe le lict funebre du Roy.

Couronnes, non plus couronnes, mais
caducees entortillez de couleuures, dont
meſmes noſtre Mercure ne s'eſt peu ga-
rentir: les Princes ſont à la verité de tres-
beaux lis, mais entre les eſpines, leur grandeur luit comme le diament, mais elle eſt
fragile comme le verre, ce ſont des Soleils
icy bas, mais ils eclypſent cõme les moin-
dres étoilles, leur vie éclate mais ce n'eſt
qu'vn point, c'eſt vn riche parterre d'her-

bes & de fleurs, mais le ſerpent s'y cache, c'eſt vn nauire tout merqueté d'yuoire & couuert de lames d'or, mais il n'eſt pas plus fort que les autres, toute la grandeur du mõde n'eſt qu'vn roſeau, & qui s'y appuye ſe perçe la main, toute chair n'eſt que foin, & toute ſa gloire eſt comme la fleur du foin, le foin ſeiche & la fleur tombe: tout homme n'eſt qu'vn petit de bile & de pituite meſlée enſemble, toutes les pompes du monde ne tiennent qu'à vn filet pourry.

Dieu diſoit à Ezechiel, prends vne tuile & graue ſur icelle la cité de Hieruſalem, auec vne grande armee à l'entour, & des remparts haults eſleuez, couuerts de genſd'armes, que veulent dire ces paroles? ſinon que toutes les grandeurs du monde ſe reſoudent en vne freſle tuile : c'eſt ce qu'il dit encore en Hieremie, *Sicut lutum in manu figuli ſic vos in manu mea, domus Iſrael.*

Que le berger eſt bien plus heureux en ſa petite fortune, que ne ſont ces grands Roys, leſquels

Ἔλλαβε πορφύρεος θάνατος καὶ μοῖρα κραταιή.

Et qui

Et qui peuuent bien dire,

Helas! il n'y a iour en cette vie humaine
Qui ne tremble de peur, ou ne suë de peine.

Qu'eſt-ce qu'vn Empire (diſent les Sa-
ges ſinon le ſoin du ſalut d'autruy, &
neantmoins cette ambition nous porte
à toutes ſortes de perils, & ne nous donne
point de repos, la mer qui eſt entre l'An-
gleterre & l'Irlande, eſt quaſi touſiours en
tempeſte, & ne la peut-on paſſer qu'à cer-
tains iours de l'annee, & toutesfois elle
n'a pas empeſché que l'Anglois n'y ait
eſtably ſa puiſſance, le Tartare, le Turc,
le Sophi, & ce Preſte-Ian qui commande
à quarante Rois,

Aeſtuat, vt clauſus Gyaris, paruaq. Seriphō.
Tant ce deſir de regner eſt violent, bien
que les couronnes ſoient preſque toutes
d'eſpines & non d'or. Saturne en Lucian:
Euſſe-ie quitté les ſceptres & les couronnes, ſi vne vie priuee n'eſtoit beaucoup
plus heureuſe?

Mais ô ma France depuis quel temps
nourris tu des aſſaſſinats? ou eſt cette fide-
lité enuers nos Roys, qui nous recomman-
doit tant parmy les nations eſtrangeres,

ce grand Roy qui auoit reduict tous ſes
ennemis à ſon obeyſſance,

   — ...ecidere animi, nec iam amplius armis,
   Sed votis, precibuſq. iubēt expoſcere pacem.

Qui auoit encore vne grande armee ſur
pied, pour porter tes palmes & tes lauriers
dans les terres eſtrangeres, luy qui medi-
toit les cõqueſtes, meurt au milieu de ton
peuple, & par l'vn de tes enfans.

   Aſpicis hoc, an te genitor cum fulmina tor-
     ques
   Necquicquam horremus, cæcique in nubibus
     ignes.
   Terrificant animos, & inania murmura mi-
     ſcent.

De quelque coſté que vienne cette partie,
Dieu infailliblement la punira, il permet
les crimes, mais il ne les aduoüe pas,

   Te Turne nefas, te Turne manebit
   Supplicium, votiſque Deos venerabere ſeris.

Ta peine te ſuit & tu ne la ſçaurois fuyr,
altiſſimus patiens eſt redditor.

  On dira que le Roy ne ſe gardoit pas
aſſez, qu'en vain entretenoit-il vingt com-
pagnies de gardes Françoiſes, preſques
autant de Suiſſes & d'Ecoſſois auec les

gardes du corps pour aller seul par la ville,
qu'auec ses gardes sa Majesté se feust
rendue plus auguste, & plus formidable à
ceux qui eussent voulu entreprendre sur
sa vie, que la facilité d'executer vne entre-
prise emporte les ames qui balãçent entre
le dessein & le deffi, que tous assassinateurs
ont l'ame basse, qui seront empeschez à la
moindre occasion : que c'est tenter Dieu
de monstrer la poitrine nue à tout le monde, qu'vn Roy ne peut estre aymé de tous
ses sujets, plus il est vertueux & plus les
meschants le hayssent, qu'il se faut garder
auec Dieu, *non est bonæ & solidæ fidei, sic
omnia ad voluntatẽ Dei referre, & ita adulari
ad vnumquemque dicendo nihil fieri sine ius-
fione eius vt non intelligamus aliquid esse in
nobis ipsis*, dit Tertull. Il se peut tousiours
faire qu'il se trouuera quelque miserable,
qui pour faire parler de luy mettra le feu
dans le temple d'Ephese, vn fol n'eust-il
pas tué l'Empereur Adrian, le Roy Henry
II. & dernieremẽt ce grand Roy que nous
regrettons, s'il n'eust esté empesché ?

Helas ! qui a gardé plus de Majesté que
Henry III. qui comme vn autre Apollon

n'oſtoit iamais les rayõs de ſon viſage que
pour parler aux gens d'Egliſe, & c'eſt par
vn perfide moine qu'il a eſté tué, que pouuoit donc faire noſtre bon Roy, ſon humeur eſtoit franche, ſon cœur & ſa bouche n'auoient qu'vn reſſort, nous croyons
ordinairement que chacun nous ſoit ſem-
blable : cette innocence qui l'auoit nourry
dés le berceau, l'obligation qu'il auoit ſur
toute la France, luy promettoient tant de
bien-veillance de tous ſes ſujets : bref, il
faiſoit ſeul vne ſi grande partie du corps
de ſa France, qu'il euſt peu ſe defiant du
moindre, ſe defier de ſoy-meſme. Il eſtoit
pere de ſon peuple, ſe pouuoit-il defier de
ſes enfans ? Euſt-il changé ſon humeur ſi
libre à ces miſerables furies d'Athamas &
Agaué qui voyans leurs enfans ſe cachoiét
de peur, penſant voir des ours & des lions?
non ce n'euſt plus eſté luy, cette crainte ſi
contraire à ſon humeur, luy euſt eſté plus
cruelle que la mort meſmes, de qui ſe
pouuoit-il defier en ſa ville de Paris, quelles
gardes plus fortes que d'eſtre au milieu
d'vn milion d'hómes, les François veulent
voir leur Roy, & parmy tant de millions

d'ames qui euſſent voulu mourir pour ſon
ſeruice, vn miſerable s'eſt trouué qui l'a
fait mourir.

Les raiſons de part & d'autre ne ſont
pas ſans couleur, mais puis que ce miſerable s'eſt trouué, que la facilité de ſon deſſein luy a fait entreprendre, que les ames
plus baſſes ſont ſeules capables de ces parricides, qu'à la moindre occaſion elles ſont
retenues, que la grandeur des Rois ne peut
eſtre trop éclatante, reſoudons à nos deſpens, qu'il faut qu'vn Roy ſe rende touſiours majeſtueux, que ſa Cour luy ſoit
comme vn throne dont il ne deſcende
iamais, tant toutes ſes actions ſeront auguſtes.

Imitez le Soleil qui pour luyre icy bas
Rompt le nuage epais, · ··· il ne deſcend pas,
Il demeure en ſon throne, & du haut de ſa
   ſphere
Son œil pere du iour verſe aſſez de lumiere.
Luyſez de voſtre ſiege, & ſage regardez
Qu'il vacque autant de fois que vous en deſ-
   cendez.

Ie retourne à ma plainte. Plutarque dit
qu'aux lieux où ſe ſont dõnees les grandes

batailles , on voit toſt apres de grandes pluyes, comme ſi le Ciel vouloit purifier, lauer & nettoyer la terre , ſoüillee de ſang humain. Si toſt que le Roy fut mort, l'air fondit en pluye (ou pluſtoſt le Ciel en pleurs) qui par l'eſpace de ſept iours furent continuelles pour expier la France de cet acte miſerable, comme autrefois Apollon deſcendit du Ciel pour etuuer d'Ambroſie les ſanglantes playes de Sarpedon fils de Iuppin.

Sinon que tous les Elements ont voulu contribuer à noſtre deüil, il ne falloit d'autres pluyes que celles de nos yeux, mais ils n'auoient pas aſſez de larmes pour reſpondre à nos iuſtes douleurs , autant de fois que nous penſerons à ſa vie , nous pleurerons ſa mort, & ſentirons noſtre perte.

Qui s'eſt iamais rendu plus digne des couronnes que luy , ſa vertu ſemble auoir arraché des mains de Bellône les ſceptres que la nature luy auoit acquis, lors que parmy tant de tempeſtes qui l'aſſiegerent dés le berçeau, *clauum rectum tenuit, pari faſtigio ſtans in vtraque fortuna,* & par vne longue habitude aux trauaux de la guerre

23

s'eſt rendu infatigable & touſiours victo-
rieux.

Quoties ſub pellibus egit
Æ donas hyemes, & duri flabra Bootæ.

Il ſçauoit que la peine, le ſang & la ſueur,
ne ſont qu'autant de guides à la gloire, &
qu'Vliſſe eſt ſeul, qui ſans ſortir du lit
aborde ſon Itaque, il ſçauoit (dis-ie) que
les Dieux ne donnent les richeſſes de leur
cabinet, qu'aux ames fortes & au poix du
peril & de la peine, côme parle Xenophõ,
τῶν γὰρ ὄντων ἀγαθῶν καὶ καλῶν, οὐδὲν ἄνευ πόνου, καὶ ἐπιμε-
λείας διδόασιν ἀνθρώποις. & le Poëte dit :

  --*Pater ipſe colendi*
Haud facilem eſſe viam voluit, primuſque
  per artem
Mouit agros, curis acuens mortalia corda,
Nec torpere graui paſſus ſua regna veterno.

Mais comme c'eſt Dieu ſeul qui donne les
victoires, auſſi eſtoit-il toute ſon eſperãce,
ne deſirant regner que pour ſa gloire, & le
bien de ſon peuple, au contraire Dieu a
iugé l'ambition de ſes ennemis, *quantaſ-*
cumq; tenebras factis tuis ſuperſtruxeris, Deus
lumen eſt. De là viennent ces grandes victoires de Coutras, de Diepe, d'Arques,

d'Yury, d'Yuetot, d'Aumale, de Caude-
bec, de Fontaine Françoise, tant de ren-
contres, tant de surprises, tant de grandes
charges si heureusement executees qu'elles surpassent toute la foy des hommes.

Comme auecq vne grande fortune il
est monté au throne de se peres, il y est demeuré auec vne si grande felicité, que iamais Roy n'a regné auec plus d'authorité,
plus d'heur, plus de contentement.

Les Hebreux par le seul mot Sachal si-
gnifient & estre prudent, & estre heureux,
& c'est vn mystere qui nous enseigne que
la prudence n'est iamais sans felicité,

Le Ciel loge tousiours où loge la prudence,
Le Ciel verse tousiours sa plus belle influēce
Sur les hōmes prudents, & les Parques encor
Qui filent leur destins ne les filent qu'en or.

Ce grand Roy auoit tant de prudence,
que tous les hommes d'Estat le recognois-
soient bien pour le premier hōme d'Estat,
non de son Royaume seulement, mais du
monde, & en cette prudēce ila tellement
regné, (la grande experience des affaires
assistant son bel esprit,

διάπειρά τοι βέλτων ἱλέγχος)

Que

Que les astres plus fauorables ne sembloient regarder que luy, & tellemét estably les affaires de France, qu'encores apres sa mort nous en sentons les fruits.

Direz vous que la gloire & la felicité l'abandōnerét aux sur-Ides de May? n'estoit il pas mortel? il n'y a rien de permanét tous le cercle de la Lune. que dis-ie? les estoiles mesmes naissent & meurent, en l'annee 1572. on remarqua vne estoile nouuelle, Vesper a changé de couleur & de cours, le Soleil éclypse, la Lune pátist, les elemés s'alterent, les langues se perdent, les fleuues changent de cours & de nom, & les villes perissent.

Le grand Cosme de Medicis auoit vn miroir, qui par vn artifice admirable le representoit tousiours, si bien que tout homme qui regardoit dedans, au lieu de s'y voir ne voyoit que Cosme. Ie l'eusse trouué plus beau s'il eust representé la mort, car en cette figure il eust representé toutes choses en leur naturel, estant la verité que toutes les choses du monde ne sont que diuerses pieces de la mort: cette mort eust esté leur image plus viue, & ce miroir

D

n'euſt point eſté trompeur.

Tout meurt, & c'eſt ce que nous deuõs iuger, & en ice faiſant nous cognoiſtre nous meſmes, *Ignoras te* (dit Salomon en ſes cantiques) *abi poſt veſtigia gregum tuorum*, nous recognoiſſant, rien ne nous ſera plus familier que la mort, rien moins formidable.

On a demandé pourquoy tant d'animaux viuent ſi long temps, & l'homme ſi peu : on reſpond que la vie de l'homme n'eſt point icy bas, nous ne faiſons que paſſer, & attendons vne autre vie qui n'aura point de fin, & c'eſt proprement noſtre vie.

La nature logeant noſtre cœur luy a mis la pointe en haut en forme de pyramide, les Hebreux l'appellent *leb* qui vient de *lebah* c'eſt à dire flamme : ils appellent auſſi noſtre eſprit *eſch* c'eſt à dire feu, pour monſtrer que nous deuons touſiours tendre en haut, & meſpriſer toutes choſes baſſes, les grandeurs du monde, ſont armes de Saül qui ne font qu'empeſcher, *Facietis* (diſoit Iulian à ceux qui le nommoient Empereur) *vt occupatior viuam*, ce

ne sont que charges icy bas, les grandeurs
du monde ne sont point lettres de faueur,
ce sont lettres d'Vrie qui nous portent à la
mort, la gloire est toute au Ciel.

C'est ce que disoit l'Ange à Daniel, *Vir
desideriorum sta in gradu tuo*, ne t'arreste
point que tu ne sois au degré que le Ciel
te reserue, ton degré n'est point icy bas, tu
n'est pas creé pour viure & pour mourir
icy : mais bien pour mourir icy & viure
auec les Anges, quelque demeure que tu
faces icy bas, quelque gloire & honneur
qui t'esleuent sur les autres hommes, tu
n'est point *in gradu tuo*, tu es seulement
vir desideriorum, qui ne seront accomplis
qu'en l'autre vie. c'est encores ce que dit le
Poëte :

> *Aude hospes contemnere opes, & te quoque
> dignum,*
> *Finge Deo.*

Tout ce monde n'est point digne de l'hõ-
me, *Aspexi terram, & quasi vacua, & ecce
nihil.* L'homme ne sera iamais *in gradu suo*,
quand il auroit toutes les couronnes du
monde, qu'il ne soit dans le Ciel.

Dieu donna trois puissances à nostre

ame, afin qu'elle iugeaſt qu'eſtant trian-
gulaire, ce monde entier ne la pouuoit
remplir, mais ſeulement l'amour de l'in-
diuidue Trinité, & cette plenitude de
biens qui n'eſt qu'au Ciel, & pour cela il
n'y a point d'autre chemin que la mort.

τὸ γὰρ θανεῖν οὐκ αἰσχρὸν, ἀλλ' αἰσχρῶς θανεῖν.

Il n'y a perte qu'à cette pauure France,
indigne de ce bon Roy, & pour ſes pechez
elle en eſt priuee.

Quand les Rois ou autres ſont aſſaſ-
ſinez, nous auons vne regle infaillible
pour cognoiſtre l'eſtat de celuy qui eſt
tué, car ſi c'eſt vn tyran ſa memoire eſt
abominable, & ſon nom odieux porte
auec ſoy vne odeur digne de ſa vie, mais
ſi c'eſt vn bon Prince, *ſanguis eius de terra
clamat*, ſes os trempent aux pleurs de ſes
ſujets, leur memoire heureuſe laiſſe vne
odeur ſoüefue, qui embaume tout le
mõde, & c'eſt ce bõ heur qui eſt deſiré en
l'Eſcriture: *Surge aquilo, & veni, perfla hortũ
meũ, & fluent aromata illius*, cette odeur eſt
vne inſigne benediction de Dieu, & vn
aſſeuré teſmoignage de noſtre felicité en
l'autre vie. *Non ſic impÿ, non ſic, ſed tan-*

quam puluis quem proncit ventus à facie terræ.

La mort eſt égale à tous & n'y a point de diſtinction que par l'oubly ou par la gloire qui nous ſuruit, les Latins le diſent auec plus de grace, *mors omnibus ex natura æqualis, obliuione apud poſteros, vel gloria diſtinguitur.*

Or cependant que nos eſprits ſe conſolent aux douces odeurs que nous laiſſe ſa memoire, voyez ce que la foy & les eſcri- *Ioan.3.* tures nous apprennent de ſa felicité, Bien-heureux ceux qui meurent au Seigneur. *Luc.22.* Ils participent à la gloire de Ieſus Chriſt, *Rom.8.* & le voyent face à face. Ils ſont aſſis à ſa *Matth.13* table. Ils ſont ſes coheritiers en ſon regne. *Heb. 12.* Ce ſont Soleils dans le Ciel de ſa gloire. Ils ſont de la famille des Anges. Ils ſont *Ioan.17.* vne meſme choſe auecques Ieſus Chriſt. *Thren.3.* Ils boiuent au torrent des voluptez eternelles. *Leuat ſe ſupra ſe,* & ſur toutes les meditations des plus beaux eſprits du mõde.

Le laiſſant en ces felicitez, Ie viens à vous ô mon Roy, ſi toſt que vous feuſtes né, ie preiugé que le Roy voſtre pere vous laiſſeroit en bas âge pour regner ſur nous, helas ! nous croyons ayſément ce

que nous craignons, & tout incontinent
i'ay commencé à trauailler à mon Dau-
phin pour le vous dedier, me propofant
deux fins, aux quatres premiers liures, de
difpofer voftre peuple à vous honorer, re-
cognoiftre, obeyr, & detefter toutes par-
tialitez qui offenfent voftre Majefté, &
troublent le repos public : aux fix autres,
i'ay tiré le tableau d'vn grand Prince, le
Roy voftre pere (que Dieu abfolue) m'en
donna les plus belles couleurs, & verrez
en le lifant comme à tous propos il fe prefente à vous, pour vous rendre par vne viue apprehenfion de ce modelle, le plus
grand Monarque du monde.

Les liures ont cette faueur d'entrer au
Confeil des Roys; les autheurs demeurent
à la porte. SIRE, ie vy aüec le peuple, &
fçay ce que le peuple dit, fi vous voulez regner heureufement, chaffez d'aupres de
vous tous ces partifans, maltoutiers, &
donneurs d'aduis, ils retirent de voftre
Majefté des côtraĉts qui font equitables,
mais en l'execution ce n'eft qu'iniuftice,
vn Commiffaire ruinera dix mille famil-
les pour enrichir vn partifan, qui du fang

de voſtre peuple ſe baſtit des maiſons à l’enuie de voſtre Louure : il leur faut dire auec Ariſtophane,

Ὁ ναῦ μὲν οὐδεὶς, αὐλειοι δ᾽ ὑπέρμεγας.

Ou ce que dit le Iuriſconſulte, *Heri ſeruus hodie liber.* Ou ce que dit encores S. Hieroſme, *ad Ocean. Heri cathecumenus, hodie pŏtifex. Heri in amphitheatro, hodie in Eccleſia. Veſpere in circo, mane in altario, dudum fautor hyſtrionum, nunc virginum cõſecrator.* Ce ſeroit eux qu’il faudroit recercher, Ie ſçay bien qu’il ne m’appartient pas de parler au Conſeil du Roy : mais ce ſont les petits que les bons Roys écoutent, & par la bouche deſquels ils s’inſtruiſent plus naïuement de l’eſtat de leurs ſujets.

Au lieu de ces ſangſuës, approchez de voſtre Majeſté les hommes de merite, nous pouuons dire auec Ionatham : l’Oliuier eſt demeuré auec ſon huyle, & le Figuier auec ſa douceur, & l’eſpine regne ſur les arbres, & encores auec le Poëte,

Pullo Meuius alget in cucullo,
Cocco mulio fulget Incitatus.

Vn aſne d’Arcadie aux étoilles s’eſt ioint,
Roſcie a ſa ſtatuë, & Caton n’en a point.

Sᴵʀᴇ! ne le permettez point , que la vertu ait quelque prix aupres de vous, quand elle y trouuera des recompenſes, elle rendra voſtre Majeſté ſi auguſte, vos ſujets ſi obeyſſans, voſtre nom ſi celebre, que les peuples plus élongnez ialoux de noſtre bon-heur, deſireront que le monde & la France n'ayent qu'vn ſeul limite. Heureux ſiecle ! ou l'on n'eſtime que la vertu,

Cumque ſuo demens expellitur Ambitus auro,

Non dominantur opes , non corrumpentia ſenſus

Dona valent, emitur ſola virtute poteſtas.

Ie laiſſe ce diſcours plus ennuyeux à nos ſan-ſuës qu'au Roy, pour conſoler ma France , toute trempee de pleurs pour le miſerable aſſaſſinat de ſon bon Prince.

Ma France reſiouys toy , le Roy n'eſt point mort , tu en as vn autre, dans les actions duquel *Henricum abſentem videre te credas.* Ce que tu deuois à Hᴇɴʀʏ rends le à ſes enfans, *& amore præſentium abſentis deſiderium tempera.* Ne t'afflige plus que Dieu te l'ait oſté , mais rends luy

graces

graces de ce qu'il te l'auoit dõné, fuyuant
en cela le confeil de S. Hierofme, *Ne con-*
triftare quod Deus receperit , fed gratias age
quod dederit.

Quand ie te voy ainfi abandonner aux
pleurs, aux foupirs & au deüil, Ie me re-
prefente Adam, qui couuroit fa nudité de
feüilles de figuier, pluftoft la faut-il cou-
urir de cette robbe que Dieu nous donne,
la conftance, la magnanimité, & en fin
la neceffité.

Durùm, fed leuius fit patientia,
   Quicquid corrigere eft nefas.

Tu fens bien le coup dont Dieu t'a
chaftié, mais tu és infenfible à fes graces,
reueille vn peu ton efprit de cette lethar-
gie, & iuge comme en cette grande perte,
il a eu foin de te conferuer.

Tu és la premiere piece de fon Eglife,
il a choifi fa demeure entre tes lis, comme
autrefois Affuere en la ville de Sufan, qui
fignifie fleur de lis en langue Perfienne.
Quand i'ay veu l'Efpagne & l'Italie ban-
dee contre toy, ne te difois-ie pas que
Dieu ruyneroit toutes ces entreprifes?
Que le Roy d'Efpagne eftoit vn grand

Roy, mais le plus mal-aisé du monde? qu'il auoit cent bras comme Briaree, mais qu'aussi auoit il cinquante ventres?

Hic alienus oues cuſtos bis mulget in hora.

Or comme par la vertu de ton Roy assisté de la grace de Dieu, tu és sortie de ces apprehensions, Ce grand Dieu a ça bas enuoyé ses Anges, afin que la mort de celuy qui t'auoit garenty de tant de tempestes ne r'apportast quelque diuision.

--- Nuſquam custodibus illis
Nocturnum ſtabulis furem, incurſuſque lu-
porum.
Auis impaſtos id tergu videbis Iberos.

Qui eust pensé qu'apres la mort de ce grand Monarque toutes choses eussent esté si calmes, mais quoy la porte estoit fermee à toutes reuoltes, tous les Princes, Seigneurs, Gouuerneurs de Prouinces, estoient à Paris, vne grande armee sur pied, pour empescher les partis en France, & les efforts sur la frontiere.

Les Princes & principaux Officiers de la Couronne, s'y sont tellement comportez, que cette flamme qui sembloit nous deuoir tous perdre, s'est insensiblement euaporee, le Parlement s'y est si constamment porté, que les plus mutins ont demeuré dans les termes de leur deuoir : le Parlement est vn grand corps qui porte son ombre, où plustost son éclat aux bords plus éloignez de la France, c'est l'oliuier de Megare, il n'est point sans armes, c'est le temple sacré de la Iustice.

Dieu nous a osté vn Roy, il nous en donne vn autre,

---*quo ferrea primum*

Desinet, & toto surget gens aurea mundo.

Escoutez ce qu'il nous dit par son Prophete, *Ad punctum in modico dereliqui te, & in miserationibus magnis congregabo te, in momenti indignatione abscondi faciem meam à te, & in misericordia sempiterna misertus sum tui.* La France est tombee par la mort de ce grand Prince, *sed non collisa est, Dominus supposuit manum suam.*

Loüons donc Dieu, demeurons en sa crainte, prions le qu'il donne son S. Esprit à nostre Roy, qu'il se serue de luy pour l'honneur de son nom, pour le bien public, & le repos de ses sujets, qu'il r'allie tellement tous les membres de son Estat,

que l'harmonie en soit douce à iamais, &
que les plus ambitieux ne cerchent de
gloire qu'en leur obeyssance.

Regnez heureux ô mon Roy : heureuse
cette grande Royne, cette autre Blanche,
sinon qu'elle est veufue d'vn plus grand
Prince, & mere d'vn Loys dont les armes
seront plus heureuses.

*Mella fluant illis, ferat & rubus asper
amomum.*

F I N.

STANSES
Sur le mesme subject.

PLeurez le sang, ma France! & d'vne main cruelle
Arrachez ces cheueux qui vous creſpoient le front,
Toy Phœbus-Apollon, & vous trouppe immortelle
Qui tenez le ſommet de l'Olympide mont,

Changez vos airs ſi doux en miſerables carmes,
Et vos lauriers plus verds en funeſtes cypres,
Rempliſſez l'air de cris, & la terre de larmes,
Et toutes vos chanſons ne ſoient plus que regrets.

Chante-cler vous attend, qui aux riues de Seine,
De voſtre enthouſiaſme heureuſement épris,
Trempe de moites pleurs la lyre Auſonienne,
Flatant de Syllery les ennuyez eſprits.

Et le docte Yueteaux, delices du Parnaſſe,
Faitpleurer de ſon luth les nerfs enchante-cœurs:
Mon Sceuole où es tu ? que d'vne meſme grace,
Vous plaingniez en commun vos communes douleurs.

Ie vous ſuy, mais de l'œil, car ma voix affoiblie
Ne peut prendre de ton, ſortable à vos beaux vers,
Laiſſez moy les ſouſpirs, ce ſera ma partie,
Mes ſoupirs rempliront les pauſes de vos airs.

HENRY, l'amour du Ciel, & l'honneur de la terre,
A tenu le premier des Monarchics Eſtâs,
Mais or que ſous ſes pieds s'éclate le tonnerre,
Il rit des vanitez, qu'on adore icy bas.

A nous ſeuls ô François ! cete mort eſt funeſte,
Ce monde n'eſt pour tout qu'une belle priſon,
Il a changé nos champs à ce jardin celeſte,
Où les fleurs & les fruits ſont touſiours en ſaiſon.

Laiſſant mille tôbeaux, non de marbre ou de cuiure
Ciſelez richement d'un ouurage diuers,
Mais vrayment tous les cœurs qui le peuuent ſuruiure
Sont autant de tombeaux en ce bas vniuers.

Comme tu és la mer où ſe rendent nos larmes,
Comme tu fus le Phare aux deſolez François,
Comme tu fus l'honneur & des loix, & des armes,
Ton LOVIS ſoit l'honneur des armes & des loix.

FIN.

Extraict du Priuilege.

PAR priuilege du Roy, donné à Paris le cinquiefme iour de Iuillet 1610. Signé par le Roy en fon Confeil, De Vabres, Et feellé du grand feau de cire iaune, Il eft permis à Claude Morel marchant Libraire & Imprimeur, d'imprimer ou faire imprimer, vendre & diftribuer vn liure intitulé, *Difcours fur la mort de Henry le Grand, Compofé par Iacques de la Fons, Angeuin* : durant le temps & efpace de fix ans finis & accomplis, fans qu'autres de quelque qualité & condition qu'ils foient, le puiffent entreprendre, fi ce n'eft du gré & confentement dudit Morel, fur peine de confifcation des exemplaires, & de l'amende, comme plus au long eft contenu audit priuilege.

Acheué d'imprimer le 9. de Iuillet 1610.

www.ingramcontent.com/pod-product-compliance
Lightning Source LLC
LaVergne TN
LVHW011415170726
843501LV00006B/2217